Inhalt

Corporate Social Responsibility - Verantwortliches unternehmerisches Handeln steigert den Umsatz

Kernthesen

Beitrag

Fallbeispiele

Weiterführende Literatur

Impressum

Corporate Social Responsibility - Verantwortliches unternehmerisches Handeln steigert den Umsatz

Manuel Berkel

Kernthesen

- Unternehmerische Gesellschaftsverantwortung beziehungsweise "Corporate Social Responsibility" (CSR) steigert den Umsatz.
- Soziales Engagement wird höher bewertet als ökologisches.
- Kunden bevorzugen unternehmerisches

Engagement in ihrer Nachbarschaft.
- Für die passende CSR-Strategie sollten Unternehmen ihre Zielgruppen genau definieren.
- Die EU-Kommission ist bestrebt, Großunternehmen zur Berichterstattung über CSR zu verpflichten.

Beitrag

Kunden akzeptieren Preiserhöhung um fünf Prozent

Die auf Marketing, Vertrieb und Preisstrategien spezialisierte Agentur Homburg & Partner hat Käufer befragt, wie viel sie für ein Produkt zusätzlich ausgeben würden, wenn der Hersteller CSR-Maßnahmen umsetzt. Als Produkte wählte die Agentur nicht-verschreibungspflichtige Arzneimittel wie Hustensaft. Zum einen waren den Kunden die Marken bekannt, deshalb mussten sie nicht über den Nutzen der Produkte aufgeklärt werden. Zum anderen wurde postuliert, dass die Kunden bei Arzneimitteln nicht so preissensitiv sind wie bei anderen Produkten. Die Ergebnisse der Studie sind deshalb nicht unbedingt eins zu eins auf andere

Branchen übertragbar. Trotzdem förderte die Untersuchung erhellende Ergebnisse zu Tage.

Der Absatz stieg der Studie zufolge um bis zu zehn Prozent, wenn der Arzneihersteller 50 Cent pro verkaufte Packung für Antibiotika zur Behandlung von Tuberkulose in Simbabwe spendet. Zu bemerken ist dabei, dass die CSR-Maßnahme einen thematischen Zusammenhang mit dem Produktnutzen aufweist. Der Preis des untersuchten Hustensaftes betrug bis zu 20 Euro. Wenn der Hersteller den Preis um zehn Prozent - also noch stärker - erhöht hätte, wäre der Absatz immerhin noch um zwei Prozent gestiegen. Das Ergebnis: Als Mittelweg wäre eine Preiserhöhung um fünf Prozent bei nachgewiesenen CSR-Maßnahmen zu empfehlen. Der Absatz würde in diesem Fall mit den flankierenden Marketingmaßnahmen zur Darstellung der CSR-Aktivität um fünf Prozent ansteigen. Die Aufwendungen für das soziale Engagement und die begleitende Öffentlichkeitsarbeit wären also um ein Vielfaches gedeckt. (1)

Gesellschaftliche Verantwortung wichtiger als ökologische

Insgesamt lagen die CSR-Aktivitäten auf Rang drei der Faktoren, die laut der Kundenbefragung entscheidend für den Kauf der Produkte waren. Auf den ersten beiden Plätzen fanden sich die Darreichungsform der Arznei und die Packungsgröße. Ein weiteres überraschendes Ergebnis war, dass die Teilnehmer in der Befragung ökologische CSR-Maßnahmen zwar als wichtigste einstuften, dass bei einer Tiefenbefragung aber soziales Engagement als wichtigstes identifiziert wurde. Die Bereitschaft, für das Produkt mehr auszugeben, war bei sozialen Aktivitäten fünf Prozentpunkte höher als bei ökologischen. Drittes Ergebnis der Untersuchung war, dass die Kunden CSR-Maßnahmen in Deutschland positiver gegenüberstanden als solchen im Ausland. Die Marketingspezialisten hatten danach gefragt, welche Rolle für den Kauf die Aufklärung zu Asthmaerkrankungen in deutschen Schulen gegenüber Antibiotika-Spenden für Menschen in Simbabwe hatte.

Voraussetzung für die Wirksamkeit und eine höhere Zahlungsbereitschaft der Kunden sind jedoch ihre Wertvorstellungen. Ehrgeizige und konsumfreudige Manager-Typen sind laut der Homburg-Studie kaum bereit, einen höheren Preis für CSR-Maßnahmen zu akzeptieren. Anders sieht das bei sogenannten "Lohas" aus. Der Name leitet sich ab von Lifestyle of Health and Sustainability und bezeichnet Menschen, die auf Gesundheit und Nachhaltigkeit achten. Auch das Geschlecht der Käufer spielte eine Rolle. Frauen waren eher zum Kauf von Produkten eines gesellschaftlich engagierten Unternehmens bereit als Männer. Für die Planung der CSR-Aktivitäten kommt es deshalb darauf an, dass diese den Wertvorstellungen der Zielgruppe entsprechen. Dafür muss das Unternehmen eine genaue Analyse seiner Käufer vornehmen. (1)

Konzerne verpflichten auch Mittelständler zur CSR-Berichterstattung

Auch für Mittelständler kann sich aber die Konzeption einer CSR-Strategie lohnen. Verkauft ein Unternehmen seine Produkte direkt an Endkunden, kann nicht nur der umsatzsteigernde Effekt nützlich sein. Ein sparsamer Ressourcenverbrauch hilft dabei, die Kosten zu senken. Mittelständler sind außerdem besonders vom Fachkräftemangel betroffen. Verglichen mit großen Konzernen müssen sie zusätzliche Anstrengungen unternehmen, um gutes Personal zu gewinnen. Auch dabei kann ein positives Image aus glaubwürdigen CSR-Maßnahmen helfen. Gerade die aktuelle Generation legt bei der Auswahl ihres Arbeitgebers nicht nur materielle Maßstäbe zu Grunde, sondern legt auch Wert auf verantwortungsvolles gesellschaftliches Handeln des zukünftigen Arbeitgebers. Die Bestrebungen der deutschen Regierung, eine Frauenquote in der Leitungsebene von Unternehmen einzuführen, sind ein weiterer Beleg für die zunehmende Bedeutung des Themas CSR. (2), (4)

Ist ein Mittelständler nicht im Endkundengeschäft, sondern im Business-to-Business-Bereich aktiv, kann die Auseinandersetzung mit dem Thema CSR ebenfalls sinnvoll sein. Detaillierter Pflichten zur Berichterstattung, wie sie derzeit zum Beispiel die Global Reporting Initiative erarbeitet, werden auch die Zulieferer von Konzernen betreffen. Die GRI sieht in den Entwürfen zu ihrem neuen Standard G4 vor, dass Großunternehmen künftig detaillierter über die CSR-Bilanz ihrer Zulieferer berichten sollen. Es ist deshalb zu erwarten, dass Konzerne von ihren Geschäftspartnern zum einen genaue Daten über die ökologische und soziale Bilanz ihrer Produkte erwarten als auch eine höhere CSR-Standards für diese Produkte.(2),(4)

International gibt es mehrere Standards

Die Kommission will Konzerne auf internationale Standards zu CSR und zur Berichterstattung verpflichten. Explizit genannt werden die ISO-Norm

26.000 zur sozialen Verantwortung, die Prinzipien des Global Compact der Vereinten Nationen und die Leitsätze für multinationale Unternehmen der Organisation für wirtschaftliche Zusammenarbeit und Entwicklung (OECD). Ein weiterer, sehr detaillierter und international weit verbreiteter Standard sind die Leitlinien der Global Reporting Initiative (GRI), die eng mit dem UN Global Compact zusammenarbeitet. In Deutschland existiert darüber hinaus seit Herbst 2011 der Deutsche Nachhaltigkeitskodex des Rates für Nachhaltige Entwicklung (RNE) der Bundesregierung. Bisher haben 36, vor allem größere, börsennotierte Unternehmen eine Entsprechenserklärung zu diesem Kodex abgegeben. (5), (6)

Trends

Weil bisher erst wenige Unternehmen explizit über CSR-Maßnahmen berichten, will die EU-Kommission das Ordnungsrecht verschärfen. Nur etwa zwei Prozent aller Konzerne in Europa haben gesellschaftlich verantwortliches Handeln laut EU-Kommission in ihre Geschäftstätigkeit integriert. Unternehmen mit mehr als tausend Mitarbeitern sollen deshalb künftig darüber berichten, ob und welche CSR-Maßnahmen sie durchführen. So steht es in der Mitteilung der Kommission Eine neue EU-

Strategie (2011-2014) für die soziale Verantwortung von Unternehmen (CSR) vom 25. Oktober 2011. Bisher freiwillige Nachhaltigkeitsberichte würden verpflichtend, falls die Mitgliedsstaaten den Vorstoß der Kommission unterstützen. Würden die Unternehmen dann keine, falsche oder unzureichende Nachhaltigkeitsberichte veröffentlichen, könnten Bußgelder fällig werden oder Schadensersatzansprüche entstehen. (4), (5), (6)

Fallbeispiele

Auch Immobiliensektor setzt vermehrt auf CSR

Die Immobiliensparte des Vermögensverwalters Meag macht ihre CSR-Aktivitäten dadurch bekannt, dass sie ihre Kunden in die Nachhaltigkeitsverpflichtungen mit einbezieht. Die Tochter des Konzerns Munich RE statte ihre Immobilien nicht nur mit energiesparender Technik aus, sondern schließt mit ihren Mietern verbindliche Vereinbarungen zum gegenseitigen Energiedatenaustausch, zum umweltbewussten Umgang des Mieters mit dem Gebäude sowie Vereinbarungen von Mietanpassungen in

Abhängigkeit mit Energieeinsparzielen. (3)

Nike überprüft gesamte Wertschöpfungskette

Der Schuhersteller Nike hat Risikofaktoren wie Kinderarbeit und gesundheitlich bedenkliche Stoffe in seinen Produkten identifiziert und überprüft inzwischen seien gesamte Wertschöpfungskette auf die Einhaltung entsprechender Standards. Das Unternehmen hat beispielsweise Schadstoffe in Klebern und Luftkammern von Sportschuhen ausgeschaltet. (7)

Puma erstellt komplette ökologische Bilanz

Der Sportartikelhersteller Puma hat 2011 sogar eine komplette ökologische Gewinn- und Verlustrechnung (GuV) vorgelegt und damit weit über die Branche hinaus beachtete Pionierarbeit erbracht. Den ökologischen Auswirkungen von Wasserverbrauch, Treibhausgasen, Landnutzung, Abfall und Luftverschmutzung wurden genau bezifferte Kosten gegenübergestellt, die in der gesamten Wertschöpfungskette von Puma entstehen. Die

Umweltkosten beliefen sich nach dieser Rechnung im Jahr 2010 auf insgesamt 145 Millionen Euro. Bei der Kalkulation hat Puma mit der Wirtschaftsprüfungsgesellschaft PriceWaterhouseCoopers und dem britischen Beratungsunternehmen Trucost zusammengearbeitet. (6)

Weiterführende Literatur

(1) CSR hat ihren Preis
aus GENIOS WirtschaftsWissen Nr. 11 vom 21.11.2012

(2) "Es geht um Gerechtigkeit"
aus Süddeutsche Zeitung, 24.11.2012, Ausgabe München, Bayern, Deutschland, S. 35

(3) Der Immobiliensektor muss grüner werden
Nachhaltigkeit heißt Zukunftsfähigkeit - Nutzung und Nutzerverhalten sind zentrales Element - Ruf nach mehr Transparenz und Vergleichbarkeit
aus Börsen-Zeitung, 06.10.2012, Nummer 193, Seite B8

(4) Corporate Social Responsibility
aus handelsjournal - Das Wirtschaftsmagazin für den Einzelhandel Heft 10/2012, Seite 4

(5) Zwei Seiten der Medaille Zu den positiven Wirkungen von CSR und den negativen Folgen ihrer Verrechtlichung

aus GoingPublic Magazin, Heft 10/2012, S. 60-62

(6) Saubere Weste Der Sportartikelhersteller Puma macht vor, wie eine umfassende ökologische Strategie aussieht. Einige ziehen mit, andere mühen sich damit
aus Financial Times Deutschland vom 06.12.2012, Seite 4SA04

(7) Nachhaltigkeit als Norm
aus Absatzwirtschaft Nr. 09 vom 31.08.2012 Seite 010

Impressum

Corporate Social Responsibility - Verantwortliches unternehmerisches Handeln steigert den Umsatz

Bibliografische Information der deutschen Nationalbibliothek

Die Deutsche Nationalbibliothek verzeichnet diese Publikation in der deutschen Nationalbibliografie; detaillierte bibliografische Daten sind im Internet über http://dnb.d-nb.de abrufbar.

ISBN: 978-3-7379-1538-0

© 2015 GBI-Genios Deutsche Wirtschaftsdatenbank GmbH, Freischützstraße 96, 81927 München, www.genios.de

Alle Rechte vorbehalten. Dieses Werk ist einschließlich aller seiner Teile – z.B. Texte, Tabellen und Grafiken - urheberrechtlich geschützt. Jede Verwertung außerhalb der Grenzen des Urheberrechtsgesetzes bedarf der vorherigen Zustimmung des Verlags. Dies gilt insbesondere auch für auszugsweise Nachdrucke, fotomechanische Vervielfältigungen (Fotokopie/Mikroskopie), Übersetzungen, Auswertungen durch Datenbanken oder ähnliche Einrichtungen und die Einspeicherung und Verarbeitung in elektronischen Systemen.